François Jouffa & Frédéric Pouhier

TOC TOC TOC...

Qui est là ?

DES CENTAINES DE TOC TOC TOC HILARANTS !

FIRST
Editions

ISBN : 978-2-7540-8005-7
Dépôt légal : mai 2015
Imprimé en France

Mise en page et couverture : Olivier Frenot

Éditions First, un département d'Édi8
12, avenue d'Italie
75013 Paris – France
Tél. : 01 44 16 09 00
Fax : 01 44 16 09 01
E-mail : firstinfo@efirst.com

Site internet : www.editionsfirst.fr

Impression réalisée par CPI Brodard & Taupin
N° d'impression : 3014843

Toc, Toc, Toc...

– *Qui est là ?*

— C'est Papi !

— Papi qui ?

— Papi yon de lumière, sous les projecteurs...

Toc, Toc, Toc...

– Qui est là ?

— C'est Joe.

— Joe qui ?

— Joe-bi djoba Cada dia yo te quiero mas Djobi djobi djobi djobaaaaa !

Toc, Toc, Toc...

– Qui est là ?

— C'est Seal.

— Seal qui ?

— Seal suffisait qu'on s'aime... s'il suffisait d'aimer... je ferais de ce monde un rêve... une éternité !!!!

Toc, Toc, Toc...

– *Qui est là ?*

— C'est Obama.

— Obama qui ?

— Obamasqué ohé ohé ! Elle danse elle danse au bal masqué...

Toc, Toc, Toc...

– *Qui est là ?*

– C'est Mathis !

– Mathis qui ?

– Je suis Mathis... un mélange de couleurs... je suis métisse ! Je viens d'ici d'ailleurs !!!

Toc, Toc, Toc...

– Qui est là ?

— C'est Betty !

— Betty qui ?

— Betty woman, walkin' down the street, Betty woman...

Toc, Toc, Toc...

– Qui est là ?

— C'est Ali !

— Ali qui ?

— Ali, viens boire un petit coup à la maison, y'a du rouge, y'a du blanc, du saucisson...

Toc, Toc, Toc...

– Qui est là ?

— C'est Sheila !

— Sheila qui ?

— Sheila danse des canards, qui en sortant de la mare, se secouent le bas des reins et font coin-coin !

Toc, Toc, Toc...

– Qui est là ?

— C'est Justine !

— Justine qui ?

— Justine mise au point sur les plus belles images de ma vie...

Toc, Toc, Toc...

– Qui est là ?

— C'est Ella !

— Ella qui ?

— Ella les yeux bleus, Belinda, elle a le front blond, Belinda...

Toc, Toc, Toc...

– Qui est là ?

— C'est Manu !

— Manu qui ?

— Manu Manuréva, où es-tu Manu Manuréva...

Toc, Toc, Toc...

– Qui est là ?

— C'est Akim !

— Akim qui ?

— Akim c'qu'on est serré, au fond de cette boîte, chantent les sardines, chantent les sardines...

Toc, Toc, Toc...

– Qui est là ?

— C'est Raymond !

— Raymond qui ?

— Raymond nous vivants. N'attendons pas que la mort nous trouve du talent...

Toc, Toc, Toc...

– *Qui est là ?*

— C'est Ulla !

— Ulla qui ?

— Ulla venture, c'est l'aventure, elle est pareille à l'amour, elle est en moi pour toujours...

Toc, Toc, Toc...

– Qui est là ?

— C'est Ali !

— Ali qui ?

— Alimer le feu ! Alimer le feu, et faire danser les diables et les dieux...

Toc, Toc, Toc...

– Qui est là ?

— C'est Lydie !

— Lydie qui ?

— Lydie manche à Bamako, c'est le jour de mariage...

Toc, Toc, Toc...

– Qui est là ?

— C'est Omar !

— Omar qui ?

— Omar i, si tu savais. Tout le mal que l'on me fait...

Toc, Toc, Toc...

– Qui est là ?

— C'est Kendji !

— Kendji qui ?

— Kendji vois tes yeux, je suis amoureux, quand j'entends ta voix, je suis fou de joie.

Toc, Toc, Toc...

– *Qui est là ?*

— C'est Jean !

— Jean qui ?

— Jean ai marre de cette nana-là, marre de cette nana, j'étais bien mieux avant, câliné par maman...

Toc, Toc, Toc...

– Qui est là ?

— C'est Anne-Laure !

— Anne-Laure qui ?

— Anne-Laure on danse, Anne-Laure on danse...

Toc, Toc, Toc...

– Qui est là ?

— C'est Axelle !

— Axelle qui ?

— Axelle sont jolies, les filles de mon pays, laï laï laï...

Toc, Toc, Toc...

– Qui est là ?

— C'est Phil !

— Phil qui ?

— Phil portait des culottes, des bottes de moto, un blouson de cuir noir avec un aigle sur le dos...

Toc, Toc, Toc...

– Qui est là ?

— C'est Jean !

— Jean qui ?

— Jean tends le loup, le renard et la belette, j'entends le loup et le renard chanter.

Toc, Toc, Toc...

– Qui est là ?

— C'est Gaby !

— Gaby qui ?

— Gaby taine Flam tu n'es pas de notre galaxie, mais du fond de la nuit, Gaby taine Flam...

Toc, Toc, Toc...

– *Qui est là ?*

— C'est Emma !

— Emma qui ?

— Emma carena !
Macarena tiene un novio que se llama...

Toc, Toc, Toc...

– Qui est là ?

— C'est Amine !

— Amine qui ?

— Amine love with you...

Toc, Toc, Toc...

– Qui est là ?

— C'est Manon !

— Manon qui ?

— Manon, rien de rien, Manon, je ne regrette rien, ni le bien qu'on m'a fait, ni le mal...

Toc, Toc, Toc...

– *Qui est là ?*

— C'est Anne !

— Anne qui ?

— Anne nos actes manqués, hé hé hé hé...

Toc, Toc, Toc...

– Qui est là ?

— C'est Harry !

— Harry qui ?

— Harry va Gigi l'amoroso, croqueur d'amour, l'œil de velours comme une caresse...

Toc, Toc, Toc...

– Qui est là ?

— C'est Lola !

— Lola qui ?

— Lola di au soleil, c'est une chose que l'on aura jamais...

Toc, Toc, Toc...

– *Qui est là ?*

— C'est Camille !

— Camille qui ?

— Camille like a wrecking ball...

Toc, Toc, Toc...

– Qui est là?

— C'est Cassie!

— Cassie qui?

— Cassie la voix, Cassie la voix, Cassie la voix...

Toc, Toc, Toc...

– Qui est là?

— C'est Aimé!

— Aimé qui?

— Aimé, c'est ce qu'y a d'plus beau. Aimé c'est monter si haut...

Toc, Toc, Toc...

– *Qui est là ?*

— C'est Sheila !

— Sheila qui ?

— Sheila chenille qui redémarre, en voiture les voyageurs, la chenille part toujours à l'heure...

Toc, Toc, Toc...

– Qui est là ?

— C'est Sophie !

— Sophie qui ?

— Sophie rire les oiseaux, Sophie chanter les abeilles, ça chasse les nuages et fait briller le soleil...

Toc, Toc, Toc...

– Qui est là ?

— C'est Laam !

— Laam qui ?

— C'est Laam our à la plage, aou cha-cha-chat et mes yeux dans tes yeux, aou aou...

Toc, Toc, Toc...

– *Qui est là ?*

— C'est Lilou !

— Lilou qui ?

— Lilou mière du phare d'Alexandrie, fait naufrager les papillons de ma jeunesse, ah !

Toc, Toc, Toc...

– Qui est là ?

— C'est Samira !

— Samira qui ?

— Samira mon amour, Samira pour toujours, sur tous les murs j'écrirai je le jure Liberté chérie...

Toc, Toc, Toc...

– Qui est là ?

— C'est Abou, Yves et Hakim !

— Abou, Yves et Hakim qui ?

— Abou Yves Hakim fly, Abou Yves I can touch the sky...

Toc, Toc, Toc...

– *Qui est là ?*

— C'est Tal !

— Tal qui ?

— Tal le look coco, coco t'as le look, pas de doute coco, Tal le look qui te colle à la peau...

Toc, Toc, Toc...

– Qui est là ?

— C'est Céline !

— Céline qui ?

— Céline stoire de la vie, le cycle éternel, qu'un enfant béni rend immortel...

Toc, Toc, Toc...

– Qui est là ?

— C'est Nolwenn !

— Nolwenn qui ?

— Nolwenn a man loves a woman, can't keep his mind on nothin' else...

Toc, Toc, Toc...

– *Qui est là ?*

— C'est Gilles !

— Gilles qui ?

— Gilles est venu le temps des cathédraaaaaales, le monde est entré dans un nouveau millénaire...

Toc, Toc, Toc...
– Qui est là ?

— C'est Côme !

— Côme qui ?

— Côme toi, Côme toi, Côme toi, Côme toi, Côme toi que je regarde tout bas...

Toc, Toc, Toc...
– Qui est là ?

— C'est Patty !

— Patty qui ?

— Patty un jour, sans retour, effacer notre amour...

Toc, Toc, Toc...

– *Qui est là ?*

— C'est Joe !

— Joe qui ?

— Joe ré voulu être un artiste, pour pouvoir faire mon numéro, quand l'avion se pose sur la piste...

Toc, Toc, Toc...

– Qui est là ?

— C'est Ida !

— Ida qui ?

— Ida da sur mon bidet, quand il trotte...

Toc, Toc, Toc...

– *Qui est là ?*

— C'est Hélène et Ludivine !

— Hélène et Ludivine qui ?

— Hélène et Ludivine enfant, jouez hautbois, résonnez musettes, Hélène et Ludivine enfant...

Toc, Toc, Toc...

– Qui est là ?

— C'est Agathe !

— Agathe qui ?

— Agathe the blues...

Toc, Toc, Toc...

– Qui est là ?

— C'est Ève !

— Ève qui ?

— Ève ri body, needs somebody, everybody needs somebody to love...

Toc, Toc, Toc...

– *Qui est là ?*

— C'est Alain !

— Alain qui ?

— Alain queuleuleu, Alain queuleuleu, tout l'monde s'éclate, Alain queuleuleu.

Toc, Toc, Toc...

– Qui est là ?

— C'est Hala !

— Hala qui ?

— Hala pêche aux moules, moules, moules, je ne veux plus y aller maman...

Toc, Toc, Toc...

– Qui est là ?

— C'est Gégé !

— Gégé qui ?

— Gégé crier Aline pour qu'elle revienne, et j'ai pleuré, pleuré, oh, j'avais trop de peine...

Toc, Toc, Toc...

– *Qui est là ?*

— C'est Elvis !

— Elvis qui ?

— Elvis sa vie par procuration, devant son poste de télévision...

Toc, Toc, Toc...

– Qui est là ?

— C'est Shy'm !

— Shy'm qui ?

— Shy'm énerve, Shy'm énerve...

Toc, Toc, Toc...

– Qui est là ?

— C'est Alec !

— Alec qui ?

— Alec to move it, Alec to move it, move it !

Toc, Toc, Toc...

– Qui est là ?

— C'est Tom !

— Tom qui ?

— Tom ber, Tomber la chemise, Tom ber la...

Toc, Toc, Toc...

– Qui est là ?

— C'est Seb !

— Seb qui ?

— Seb bon pour le moral, Seb bon pour le moral...

Toc, Toc, Toc...

– Qui est là ?

— C'est Zlatan !

— Zlatan qui ?

— Zlatan pour moi, Zlatan pour moi, moi, moi, moi, Zlatan pour moi...

Toc, Toc, Toc...

– Qui est là ?

— C'est Zazie !

— Zazie qui ?

— Zazie Francky c'est bon, Zazie Francky c'est bon, bon, bon...

Toc, Toc, Toc...

– Qui est là ?

— C'est Jésus !

— Jésus qui ?

— Jésus malade, complètement malade, comme quand ma mère sortait le soir...

Toc, Toc, Toc...

– *Qui est là ?*

— C'est Jeanne !

— Jeanne qui ?

— Jeanne suis pas un héros, faut pas croire ce que disent les journaux, Jeanne suis pas un héros, un héros...

Toc, Toc, Toc...

– Qui est là ?

— C'est Corine !

— Corine qui ?

— Je suis Corine boule de flipper, qui roule...

Toc, Toc, Toc...

– Qui est là ?

— C'est Baba !

— Baba qui ?

— Baba où t'es ? Où t'es, Baba où t'es ?

Toc, Toc, Toc...

– *Qui est là ?*

— C'est James !

— James qui ?

— James les filles de chez Castel, James les filles de chez Régine...

Toc, Toc, Toc...

– Qui est là ?

— C'est Roland !

— Roland qui ?

— Rolandalouse, aussi belle que jalouse...

Toc, Toc, Toc...

– Qui est là ?

— C'est Edgar !

— Edgar qui ?

— Edgaré dans la vallée infernale, le héros s'appelle Bob Morane...

Toc, Toc, Toc...

– *Qui est là ?*

— C'est Inès !

— Inès qui ?

— Inès souris verte, qui courait dans l'herbe, je l'attrape par la queue...

Toc, Toc, Toc...

– Qui est là ?

— C'est Sheila !

— Sheila qui ?

— Sheila lutte finale, groupons-nous et demain, l'Internationale sera le genre humain...

Toc, Toc, Toc...

– Qui est là ?

— C'est Ella !

— Ella qui ?

— Ella qui voilà, Inspecteur Gadget, eh là ça va pas, ouh ouh...

Toc, Toc, Toc...

– Qui est là ?

— C'est Quentin !

— Quentin qui ?

— Quentin a que l'amour, à s'offrir en partage.

Toc, Toc, Toc...

– Qui est là ?

— C'est Ella !

— Ella qui ?

— Ella les yeux revolver, elle a le regard qui tue...

Toc, Toc, Toc...

– Qui est là ?

— C'est Kyan !

— Kyan qui ?

— Kyan le droit, Kyan le droit d'faire ça, à un enfant...

Toc, Toc, Toc...

– Qui est là ?

— C'est Souma !

— Souma qui ?

— Souma route, oui, il y a eu du move, oui...

Toc, Toc, Toc...

– Qui est là ?

— C'est Manon !

— Manon qui ?

— Manon enfants de la Patrie, le jour de gloire est arrivé !

Toc, Toc, Toc...

– *Qui est là ?*

— C'est Léon !

— Léon qui ?

— Léon fait tourner les serviettes, comme des petites girouettes...

Toc, Toc, Toc...

– *Qui est là ?*

— C'est Sam !

— Sam qui ?

— Sam one like you, I wish nothing but the best for you too...

Toc, Toc, Toc...

– *Qui est là ?*

— C'est Solène !

— Solène qui ?

— Y a du Solène et des nanas, darladiladada...

Toc, Toc, Toc...

– Qui est là ?

— C'est Amal !

— Amal qui ?

— Amal aimé, je suis Amal aimé, les gens me connaissent tel que je veux me montrer...

Toc, Toc, Toc...

– Qui est là ?

— C'est Polo !

— Polo qui ?

— Po Polo popopo pooo...

Toc, Toc, Toc...
– Qui est là ?

— C'est Emma !

— Emma qui ?

— Emma tenant, que vais-je faire, de tout ce temps, que sera ma vie...

Toc, Toc, Toc...

– *Qui est là ?*

— C'est Lizon !

— Lizon qui ?

— Lizon des chapeaux ronds, vive la Bretagne, Lizon des chapeaux ronds, vive les Bretons...

Toc, Toc, Toc...

– Qui est là ?

— C'est Jamel !

— Jamel qui ?

— Jamel le doigt devant, Jamel le doigt derrière...

Toc, Toc, Toc...

– Qui est là ?

— C'est Cyril !

— Cyril qui ?

— Cyril fait chaud, il fait de plus en plus chaud...

Toc, Toc, Toc...

– Qui est là ?

— C'est Matéo !

— Matéo qui ?

— Senior Matéo quand tu dis qu'il fait beau, Senior Matéo ah gla gla quel frigo !

Toc, Toc, Toc...

– Qui est là ?

— C'est Bart !

— Bart qui ?

— Bart enaire particulier cherche partenaire particulière...

Toc, Toc, Toc...

– Qui est là ?

— C'est Lilou !

— Lilou qui ?

— Lilou enfants c'est tous les jours le printemps, c'est le pays joyeux des enfants heureux...

Toc, Toc, Toc...

– *Qui est là ?*

— C'est Léa !

— Léa qui ?

— Léa brunes comptent pas pour des prunes, Léa brunes comptent pas pour des prunes...

Toc, Toc, Toc...

– Qui est là ?

— C'est Marine !

— Marine qui ?

— Marine est là, ah, reste encore dans mes bras, avec toi je veux jusqu'au jour danser cette rumba d'amour...

Toc, Toc, Toc...

– Qui est là ?

— C'est Alba !

— Alba qui ?

— Alba myself, don't wanna be, alba myself...

Toc, Toc, Toc...

– Qui est là ?

— C'est Harry !

— Harry qui ?

— Harry bo, c'est beau la vie, pour les grands et les petits...

Toc, Toc, Toc...

– Qui est là ?

— C'est Ilan !

— Ilan qui ?

— Ilan faut peu pour être heureux, vraiment très peu pour être heureux...

Toc, Toc, Toc...

– *Qui est là ?*

— C'est Jean-Pierre !

— Jean-Pierre qui ?

— Jean-Pierre du la tête depuis que j'ai vu Suzette, je perds la raison...

Toc, Toc, Toc...

– *Qui est là ?*

— C'est Cathy !

— Cathy qui ?

— Cathy, cathy catchique, aïe, aïe, aïe, la belle de Cadix...

Toc, Toc, Toc...

– Qui est là ?

— C'est Jacinthe !

— Jacinthe qui ?

— Jacinthe un hôtel rue de la Paix, j'achète un hôtel rue de la Paix...

Toc, Toc, Toc...

– Qui est là ?

— C'est Will !

— Will qui ?

— Will we will rock you. We will we will rock you...

Toc, Toc, Toc...

– Qui est là ?

— C'est Sandy !

— Sandy qui ?

— Sandy bloody sunday, Sandy bloody Sunday...

Toc, Toc, Toc...

– Qui est là ?

— C'est Sacha !

— Sacha qui ?

— Sacha va et ça revient, c'est fait de tout petits riens...

Toc, Toc, Toc...

– Qui est là ?

— C'est Sim !

— Sim qui ?

— Sim maman si, Sim maman si, si maman tu voyais ma vie...

Toc, Toc, Toc...

– Qui est là ?

— C'est Agathe !

— Agathe qui ?

— Agathe a feeling, that tonight's gonna be a good night...

Toc, Toc, Toc...

– Qui est là ?

— C'est Ayem !

— Ayem qui ?

— Ayem siyé, Ayen siyé...

Toc, Toc, Toc...

– Qui est là ?

— C'est Jerry !

— Jerry qui ?

— Jerry su une lettre, il y a un mois peut-être, arrivée par erreur, maladresse du facteur...

Toc, Toc, Toc...

– Qui est là ?

— C'est Candy !

— Candy qui ?

— Candy souris, je m'envole au paradis, je vais à Rio...

Toc, Toc, Toc...

– Qui est là ?

— C'est Ronny !

— Ronny qui ?

— Ronny you, can make this world seem right...

Toc, Toc, Toc...

– Qui est là ?

— C'est Maël !

— Maël qui ?

— Maël m'entraîne, au bout de la nuit, les démons de minuit...

Toc, Toc, Toc...

– Qui est là ?

— C'est Louis !

— Louis qui ?

— Louis are the champions my friends...

Toc, Toc, Toc...

– Qui est là ?

— C'est Simon !

— Simon qui ?

— Simon fils ma bataille, fallait pas qu'elle s'en aille, oh oh oh.

Toc, Toc, Toc...

– *Qui est là ?*

— C'est Emma !

— Emma qui ?

— Emma dit d'aller siffler là-haut sur la colline, de l'attendre avec un petit bouquet d'églantines...

Toc, Toc, Toc...

– *Qui est là ?*

— C'est Élie !

— Élie qui ?

— Élie bérée, délivrée, les étoiles me tendent les bras...

Toc, Toc, Toc...

– Qui est là ?

— C'est Julien !

— Julien qui ?

— Julien te chanter la ballade, la ballade des gens heureux...

Toc, Toc, Toc...

– Qui est là ?

— C'est Booba !

— Booba qui ?

— Booba car, où es-tu ? Où es-tu ? Booba car...

Toc, Toc, Toc...

– Qui est là ?

– C'est Céline !

– Céline qui ?

– Céline de nos campagnes, de nos rivières, de nos montagnes...

Toc, Toc, Toc...

– Qui est là ?

— C'est Stéphane !

— Stéphane qui ?

— Stéphane des années 80 mais femmes jusqu'au bout des seins...

Toc, Toc, Toc...

– Qui est là ?

— C'est Ken !

— Ken qui ?

— Ken il me prend dans ses bras, il me parle tout bas, je vois la vie en rose...

Toc, Toc, Toc...

– *Qui est là ?*

— C'est Sarah !

— Sarah qui ?

— Sarah de fruits, jolie, jolie, jolie...

Toc, Toc, Toc...

– Qui est là ?

— C'est Jésus !

— Jésus qui ?

— Jésus venu te dire que je m'en vais, et tes larmes ne pourront rien changer...

Toc, Toc, Toc...

– Qui est là ?

— C'est Geoffrey !

— Geoffrey qui ?

— Geoffrey de toi mon essentiel, tu me fais naître parmi les hommes...

Toc, Toc, Toc...

– *Qui est là ?*

— C'est Ginette !

— Ginette qui ?

— Moi Ginette est rien et voilà qu'aujourd'hui, je suis le gardien du sommeil de ses nuits...

Toc, Toc, Toc...

– Qui est là ?

— C'est Steeve !

— Steeve qui ?

— Steeve loving you, I'm still loving you...

Toc, Toc, Toc...

– Qui est là ?

— C'est Stella !

— Stella qui ?

— Stella java bleue, la java la plus belle...

Toc, Toc, Toc...

– *Qui est là ?*

— C'est Will !

— Will qui ?

— Will are the world, Will are the children...

Toc, Toc, Toc...

– Qui est là ?

— C'est Camille !

— Camille qui ?

— Je suis un homo Camille disent...

Toc, Toc, Toc...

– Qui est là ?

— C'est Garou !

— Garou qui ?

— Garou gorilles, Garou gorilles...

Toc, Toc, Toc...

– Qui est là ?

— C'est Sula !

— Sula qui ?

— Sula plage abandonnée, coquillages et crustacés...

Toc, Toc, Toc...

– Qui est là ?

— C'est Zazie !

— Zazie qui ?

— Zazie za, je te veux si tu veux de moi...

Toc, Toc, Toc...

– Qui est là ?

— C'est Jean !

— Jean qui ?

— Les jean du Nord ont dans leurs yeux le bleu qui manque à leur décor...

Toc, Toc, Toc...

– *Qui est là ?*

— C'est René !

— René qui ?

— René besoin de personne en Harley Davidson, je n'reconnais plus personne en Harley Davidson...

Toc, Toc, Toc...

– Qui est là ?

— C'est Stone !

— Stone qui ?

— Stone, le monde est stone...

Toc, Toc, Toc...

– Qui est là ?

— C'est Ilya !

— Ilya qui ?

— Ilya le ciel, les oiseaux et la mer...

Toc, Toc, Toc...

– Qui est là ?

— C'est Amaury !

— Amaury qui ?

— L'Amaury est enfant de bohème, il n'a jamais, jamais connu de loi...

Toc, Toc, Toc...

– Qui est là ?

— C'est Florie !

— Florie qui ?

— Florie gauler, faut rigoler, avant qu'le ciel nous tombe sur la tête...

Toc, Toc, Toc...

– Qui est là ?

— C'est Kelly !

— Kelly qui ?

— Kelly méro, Kelly méro...

Toc, Toc, Toc...

– *Qui est là ?*

— C'est Aviv !

— Aviv qui ?

— Ma petite est comme l'eau, elle est comme l'Aviv, elle court comme un ruisseau que les enfants poursuivent...

Toc, Toc, Toc...

– Qui est là ?

— C'est Casey !

— Casey qui ?

— Couleur Casey, que j'aime ta couleur Casey...

Toc, Toc, Toc...

– Qui est là ?

— C'est Ami !

— Ami qui ?

— Ami, entends-tu le vol noir des corbeaux sur nos plaines ?

Toc, Toc, Toc...

– Qui est là ?

— C'est Jerem' !

— Jerem' qui ?

— Jerem' à mourir, Jerem' à mourir...

Toc, Toc, Toc...

– Qui est là ?

— C'est Ali !

— Ali qui ?

— Ali venez ! Milord. Vous asseoir à ma table, il fait si froid dehors, ici c'est confortable...

Toc, Toc, Toc...

– Qui est là ?

— C'est Lamir !

— Lamir qui ?

— Lamir qu'on voit danser le long des golfes clairs, a des reflets d'argent, Lamir...

Toc, Toc, Toc...

– Qui est là ?

— C'est Beline !

— Beline qui ?

— Beline en mer, Marie-Galante, Saint-Vincent...

Toc, Toc, Toc...

– Qui est là ?

— C'est Edmée !

— Edmée qui ?

— Edmée du vieux pain sur son balcon, pour attirer les moineaux les pigeons...

Toc, Toc, Toc...

– *Qui est là ?*

— C'est Guy !

— Guy qui ?

— Guy a du caca kaki collé au cul cul...

Toc, Toc, Toc...

– *Qui est là ?*

— C'est Medhi !

— Medhi qui ?

— Medhi moi adieu demain, dis-moi adieu en chemin...

Toc, Toc, Toc...

– Qui est là ?

— C'est Ronny !

— Ronny qui ?

— Ronny ra, où tu voudras quand tu voudras, et on s'aimera encore lorsque l'amour sera mort...

Toc, Toc, Toc...

– Qui est là ?

— C'est Jessie !

— Jessie qui ?

— Jessie un agitateur, un provocateur, un animal, my name is Jean-Pascal.

Toc, Toc, Toc...

– Qui est là ?

— C'est Aby !

— Aby qui ?

— Aby cyclette, nous étions quelques bons copains, y avait Fernand y avait Firmin...

Toc, Toc, Toc...

– Qui est là ?

— C'est Kenny !

— Kenny qui ?

— Kenny saute pas n'est pas lyonnais...

Toc, Toc, Toc...

– *Qui est là ?*

— C'est Andy !

— Andy qui ?

— Andy rait le Sud, le temps dure longtemps...

Toc, Toc, Toc...

– Qui est là ?

— C'est Arnaud !

— Arnaud qui ?

— Arnaud you want it, Arnaud you want it ! I hate Blurred lines.

Toc, Toc, Toc...

– Qui est là ?

— C'est Léon !

— Léon qui ?

— Léon démarre une autre histoire, Léon démarre une autre histoire, mais ça c'est une autre histoire...

Toc, Toc, Toc...

– Qui est là ?

— C'est Gégé !

— Gégé qui ?

— Gégé suis libertine, je suis une catin, Gégé suis si fragile, qu'on me tienne la main...

Toc, Toc, Toc...

– *Qui est là ?*

— C'est Seb !

— Seb qui ?

— Seb pas l'homme qui prend la mer, c'est la mer qui prend l'homme, tatatin...

Toc, Toc, Toc...

– Qui est là ?

— C'est Anne !

— Anne qui ?

— Anne blue da ba dee da ba die...

Toc, Toc, Toc...

– Qui est là ?

— C'est Ève !

— Ève qui ?

— Ève videment, évidemment, on danse encore sur les accords qu'on aimait tant...

Toc, Toc, Toc...

– *Qui est là ?*

— C'est Roger !

— Roger qui ?

— Roger encore rêvait d'elle, c'est bête, elle n'a rien fait pour ça...

Toc, Toc, Toc...

– *Qui est là ?*

— C'est Abby !

— Abby qui ?

— Abby birthday to you...

Toc, Toc, Toc...

– *Qui est là ?*

— C'est Youssoupha !

— Youssoupha qui ?

— Youssoupha ra d'un signe, un matin, un matin tout tranquille et serein...

Toc, Toc, Toc...

– Qui est là ?

— C'est Emma !

— Emma qui ?

— Emma tenant, que vais-je faire ? De tout ce temps, que sera ma vie...

Toc, Toc, Toc...

– Qui est là ?

— C'est Cyril !

— Cyril qui ?

— Cyril tape sur des bambous et c'est numéro un, sur Radio Jamaïque, il a des copains...

Toc, Toc, Toc...

– *Qui est là ?*

— C'est Célim !

— Célim qui ?

— Cé, cé, cé, Célim ène,
Cé, cé, cé, Célim ène...

Toc, Toc, Toc...

– *Qui est là ?*

— C'est Anna !

— Anna qui ?

— Anna will always love you, will always love you...

Toc, Toc, Toc...

– Qui est là ?

— C'est Estelle !

— Estelle qui ?

— Estelle la mort qui t'a assassinée, Marcia. C'est la mort qui t'a consumée, Marcia...

Toc, Toc, Toc...

– Qui est là ?

— C'est Madi !

— Madi qui ?

— C'est Madi rection ! J'ai pété les plombs sans abandonner ni baisser les bras...

Toc, Toc, Toc...

– Qui est là ?

— C'est Cantona !

— Cantona qui ?

— Cantona que l'amour, à s'offrir en partage...

Toc, Toc, Toc...

– Qui est là ?

— C'est Célia !

— Célia qui ?

— Célia, Célia salsa du démon, salsa du démon...

Toc, Toc, Toc...

– *Qui est là ?*

— C'est Jennifer !

— Jennifer qui ?

— Jennifer mons la fenêtre et laissons les volets clos, à quoi bon se lever...

Toc, Toc, Toc...

– Qui est là ?

— C'est Côme !

— Côme qui ?

— Côme d'habitude, toute la journée, je vais jouer à faire semblant...

Toc, Toc, Toc...

– Qui est là ?

— C'est Anna !

— Anna qui ?

— Anna larme vient de tomber, sur les lames de mon plancher...

Toc, Toc, Toc...

– Qui est là ?

— C'est Shaun !

— Shaun qui ?

— Shaun must go on, Shaun must go on...

Toc, Toc, Toc…

– Qui est là ?

— C'est Régis !

— Régis qui ?

— Régis, prouve que tu existes, cherche ton bonheur partout, va, refuse ce monde égoïste, Régis…

Toc, Toc, Toc…

– Qui est là ?

— C'est Benoît !

— Benoît qui ?

— Benoît de rien envie de toi, comme jamais envie de personne…

Toc, Toc, Toc...

– Qui est là ?

— C'est Yves !

— Yves qui ?

— Yves venait d'avoir 18 ans, Yves était beau comme un enfant, fort comme un homme...

Toc, Toc, Toc...

– *Qui est là ?*

— C'est Neyo !

— Neyo qui ?

— Neyo, Neyo, on rentre du boulot, Neyo, Neyo...

Toc, Toc, Toc...

– Qui est là ?

— C'est Mounir !

— Mounir qui ?

— Mounir a tous au paradis, même moi...

Toc, Toc, Toc...

– Qui est là ?

— C'est Hassi !

— Hassi qui ?

— Hassi tu pouvais fermer ta gueule, ça nous ferait des vacances...

Toc, Toc, Toc...

– Qui est là ?

— C'est Cathy !

— Cathy qui ?

— Cathy pète, il troue son slip, et Cathy pète, il troue son slip...

Toc, Toc, Toc...

– Qui est là ?

— C'est Haddock !

— Haddock qui ?

— Haddock knock knockin' on heaven's door...

Toc, Toc, Toc...

– *Qui est là ?*

— C'est Minnie !

— Minnie qui ?

— Minnie, Minnie, Minnie a man after midnight, won't somebody help me chase the shadows away...

Toc, Toc, Toc...

– *Qui est là ?*

— C'est Dan !

— Dan qui ?

— Dan la jungle, terrible jungle, le lion est mort ce soir...

Toc, Toc, Toc...

– Qui est là ?

— C'est Marie !

— Marie qui ?

— Marie lou, goodbye, Marylou...

Toc, Toc, Toc...

– Qui est là ?

— C'est Ahmed !

— Ahmed qui ?

— Ahmed ditéranée, aux îles d'or ensoleillées, aux rivages sans nuages, au ciel enchanté...

Toc, Toc, Toc...

– Qui est là ?

— C'est Annette !

— Annette qui ?

— Annette ma gueule de métèque, de juif errant, de pâtre grec...

Toc, Toc, Toc...

– Qui est là ?

— C'est Sacha !

— Sacha qui ?

— Sacha africa, ambiance de la brousse, Sacha africa, attention les secousses...

Toc, Toc, Toc...

– Qui est là ?

— C'est Joffrey !

— Joffrey qui ?

— Joffrey rien que des bêtises, des bêtises quand t'es pas là...

Toc, Toc, Toc...

– Qui est là ?

— C'est Elma !

— Elma qui ?

— Elma gine all the people, living life in peace...

Toc, Toc, Toc...

– Qui est là ?

— C'est Tata !

— Tata qui ?

— Hakuna ma Tata, mais quel chant fantastique...

Toc, Toc, Toc...

– Qui est là ?

— C'est Jay !

— Jay qui ?

— Jay demandé à la lune, et le soleil ne le sait pas...

Toc, Toc, Toc...

– Qui est là ?

— C'est Isabelle !

— Isabelle qui ?

— Isabelle, c'est un mot qu'on dirait inventé pour elle...

Toc, Toc, Toc...

– Qui est là ?

— C'est Quentin !

— Quentin qui ?

— Quentin arrive en ville, tout le monde change de trottoir, on n'a pas l'air virils mais on fait peur à voir...

Toc, Toc, Toc...

– Qui est là ?

— C'est Jessi !

— Jessi qui ?

— Jessi on se donnait rendez-vous dans dix ans, même jour, même heure, mêmes pommes...

Toc, Toc, Toc...

– Qui est là ?

— C'est Évita !

— Évita qui ?

— Évita Espana...

Toc, Toc, Toc...

– Qui est là ?

— C'est Ike !

— Ike qui ?

— Ike a virgin, touched for the very first time...

Toc, Toc, Toc...

– Qui est là ?

— C'est Jean !

— Jean qui ?

— Jean tends siffler le train, mais j'entends siffler le train, que c'est triste un train qui siffle dans le soir...

Toc, Toc, Toc...

– *Qui est là ?*

— C'est Sanson !

— Sanson qui ?

— Sanson contrefaçon, je suis un garçon. Et pour un empire, je ne veux me dévêtir...

Toc, Toc, Toc...

– Qui est là ?

— C'est Amid !

— Amid qui ?

— Amid your love, Amid your love...

Toc, Toc, Toc...

– Qui est là ?

— C'est Kendji !

— Kendji qui ?

— Kendji ti petit garçon, je repassais mes leçons, en chantant...

Toc, Toc, Toc...

– Qui est là ?

— C'est Quentin !

— Quentin qui ?

— Quentin fait la java, le samedi à Broadway, ça swingue comme à Meudon...

Toc, Toc, Toc...

– Qui est là ?

— C'est France !

— France qui ?

— Ne m'appelez plus jamais France, la France elle m'a laissé tomber...

Toc, Toc, Toc...

– Qui est là ?

— C'est Cécile !

— Cécile qui ?

— Cécile les Ricains n'étaient pas là, vous seriez tous en Germanie...

Toc, Toc, Toc...

– Qui est là ?

— C'est Simon !

— Simon qui ?

— Simon chantait, Simon chantait, Simon chantait, la la la la...

Toc, Toc, Toc...

– Qui est là ?

— C'est Seb !

— Seb qui ?

— Seb bien que j'l'ai trop dit, mais j'te l'dis quand même... je t'aime...

Toc, Toc, Toc...

– Qui est là ?

— C'est Jésus !

— Jésus qui ?

— Jésus une poupée de cire, une poupée de son, mon cœur est gravé dans mes chansons...

Toc, Toc, Toc...

– *Qui est là ?*

— C'est Lamy !

— Lamy qui ?

— Lamy ne m'apprend rien, je voulais juste un peu parler, choisir un train...

Toc, Toc, Toc...

– Qui est là ?

— C'est Akim !

— Akim qui ?

— Akim get no, satisfaction, cause I try and I try...

Toc, Toc, Toc...

– Qui est là ?

— C'est Berthe !

— Berthe qui ?

— Berthe it be, Berthe it be, Berthe it be, Berthe it be, yeah, there will be an answer, Berthe it be.

Toc, Toc, Toc...

– Qui est là ?

— C'est Aldo !

— Aldo qui ?

— Aldo maman, bobo, comment tu m'as fait j'suis pas beau...

Toc, Toc, Toc...

– Qui est là ?

— C'est Surya !

— Surya qui ?

— Surya route de Memphis, Surya route de Memphis...

Toc, Toc, Toc...

– Qui est là ?

— C'est Georges !

— Georges qui ?

— Georges a, Georges a, the whole day through, just an old sweet song, keeps Georgia on my mind...

Toc, Toc, Toc...

– *Qui est là ?*

— C'est Selma !

— Selma qui ?

— Selma prière, je viens vers toi, Selma prière, je suivrai ta loi...

Toc, Toc, Toc...

– Qui est là ?

— C’est Sétou !

— Sétou qui ?

— Sétou p’tit, chez la mère à Titi, c’est un peu l’Italie...

Toc, Toc, Toc...

– Qui est là ?

— C’est Lamir !

— Lamir qui ?

— Lamir c’est comme une cigarette, ça brûle et ça monte à la tête...

Toc, Toc, Toc...

– Qui est là ?

— C'est Colin !

— Colin qui ?

— Colin garçon j'ai les cheveux longs, Colin garçon je porte un blouson...

Toc, Toc, Toc...

– Qui est là ?

— C'est Aldo !

— Aldo qui ?

— Aldo, écoute, maman est près de toi, il faut lui dire « maman, c'est quelqu'un pour toi »...

Toc, Toc, Toc...

– *Qui est là ?*

— C'est Jeannot !

— Jeannot qui ?

— Jeannot rai pas le temps, pas le temps. Même en courant, plus vite que le vent, plus vite que le temps...

Toc, Toc, Toc...

– Qui est là ?

— C'est Joe !

— Joe qui ?

— Joe lie colonie de vacances, merci papa, merci maman, tous les ans, je voudrais qu' ça r'commence...

Toc, Toc, Toc...

– Qui est là ?

— C'est Jacques et André !

— Jacques et André qui ?

— Jacques André que tu me reviennes à nouveau, Jacques André, Jacques André longtemps s'il le faut...

Toc, Toc, Toc...

– Qui est là ?

— C'est José !

— José qui ?

— José, José Joséphine, José, José Joséphine...

Toc, Toc, Toc...

– *Qui est là ?*

— C'est Jimmy !

— Jimmy qui ?

— Jimmy dans ma valise, trois ou quatre chemises... et des chaussettes rouges et jaunes à petits pois...

Toc, Toc, Toc...

– Qui est là ?

— C'est Elsa !

— Elsa qui ?

— Elsa continue encore et encore. C'est que le début d'accord, d'accord...

Toc, Toc, Toc...

– Qui est là ?

— C'est Dédé !

— Dédé qui ?

— Dédé moniaque, elle est I Hystérique, elle est S Satanique...

Toc, Toc, Toc...

– Qui est là ?

— C'est Jessie !

— Jessie qui ?

— Jessie tu n'existais pas, dis-moi pourquoi j'existerais...

Toc, Toc, Toc...

– Qui est là ?

— C'est Éric !

— Éric qui ?

— L'âme Éric, l'Amérique, je veux la voir et je l'aurai...

Toc, Toc, Toc...

– Qui est là ?

— C'est Saïd !

— Saïd qui ?

— Saïd ain't so, Joe, please, say it ain't so...

Toc, Toc, Toc...

– Qui est là ?

— C'est Frida !

— Frida qui ?

— Ah Frida, j'ai envie de danser comme toi, de m'offrir à ta loi. Africa...

Toc, Toc, Toc...

– Qui est là ?

— C'est Léa !

— Léa qui ?

— Léa trapé un coup de soleil, un coup d'amour, un coup d'je t'aime...

Toc, Toc, Toc...

– *Qui est là ?*

— C'est Emma !

— Emma qui ?

— Emma cumba, macumba, elle danse tous les soirs...

Toc, Toc, Toc...

– Qui est là ?

— C'est Charles !

— Charles qui ?

— Charles brike like a diamond, Charles brike like a diamond...

Toc, Toc, Toc...

– Qui est là ?

— C'est Omar !

— Omar qui ?

— Omar pelle Émilie jolie, je voudrais partir avec vous, tout au bout du ciel, sur vos ailes...

Toc, Toc, Toc...

– Qui est là ?

— C'est Sandy et Mandy !

— Sandy et Mandy qui ?

— Sandy, Mandy, happy day...

Toc, Toc, Toc...

– Qui est là ?

— C'est Leslie !

— Leslie qui ?

— Leslie gondoles à Venise, le printemps sur la Tamise...

Toc, Toc, Toc...

– Qui est là ?

— C'est Thomas !

— Thomas qui ?

— Thomas fais tourner la tête, mon manège à moi, c'est toi...

Toc, Toc, Toc...

– Qui est là ?

— C'est Seb, Thibault et Romain !

— Seb, Thibault et Romain qui ?

— Seb Thibault Romain, c'est une belle histoire, c'est une romance d'aujourd'hui...

Toc, Toc, Toc...

– Qui est là ?

— C'est Hélène !

— Hélène qui ?

— Hélène à rire, Hélène à boire, elle aime à chanter comme nous, oui, comme nous...

Toc, Toc, Toc...

– Qui est là ?

— C'est Yvan !

— Yvan qui ?

— Yvan dé des cartes postales, puis aussi des crayons...

Toc, Toc, Toc...

– Qui est là ?

— C'est Jesse !

— Jesse qui ?

— Jesse moi zoom zoom zang, dans ma benz, benz, benz...

Toc, Toc, Toc...

– Qui est là ?

— C'est Louis !

— Louis qui ?

— Louis, j'l'adore, c'est mon amour mon trésor, oui j'l'adore tous les jours un peu plus fort...

Toc, Toc, Toc...

– Qui est là ?

— C'est Alma !

— Alma qui ?

— Alma cabane au Canada est blottie au fond des bois, on y voit des écureuils sur le seuil...

Toc, Toc, Toc...
– *Qui est là ?*

— C'est Audrey !

— Audrey qui ?

— Audrey de ma blonde, qu'il fait bon, fait bon, fait bon, Audrey de ma blonde qu'il fait bon dormir...

Toc, Toc, Toc...

– *Qui est là ?*

— C'est Adidi !

— Adidi qui ?

— Adidi, didi, didi zeen iddiwaah...

Toc, Toc, Toc...

– Qui est là ?

— C'est Huguette !

— Huguette qui ?

— Huguette out, get out, get out of my head and fall into my arms...

Toc, Toc, Toc...

– Qui est là ?

— C'est Sheila !

— Sheila qui ?

— Sheila mour, Sheila mour mour mour mour, qu'est-ce qui bouge le cul des Andalouses...

Toc, Toc, Toc...

– Qui est là ?

— C'est Emery et Ivory !

— Emery et Ivory qui ?

— Emery and Ivory live together in perfect harmony...

Toc, Toc, Toc...

– Qui est là ?

— C'est Isao !

— Isao qui ?

— Isao, Santiano, dix-huit nœuds, quatre cents tonneaux, je suis fier d'y être matelot...

Toc, Toc, Toc...

– Qui est là ?

— C'est Imad !

— Imad qui ?

— Imad laine n'arrive pas, Madeleine c'est mon horizon, c'est mon Amérique à moi...

Toc, Toc, Toc...

– Qui est là ?

— C'est Baba !

— Baba qui ?

— Baba chanteur, maman douceur, pleure pas, pleure pas, bébé bonheur...

Toc, Toc, Toc...

– Qui est là ?

— C'est Noé !

— Noé qui ?

— Noé, Noé, capitaine abandonné, Noé, Noé, mets des ailes à ton voilier...

Toc, Toc, Toc...

– Qui est là ?

— C'est Romain !

— Romain qui ?

— Un romain d'amitié qui s'élance comme un oiseau, pas une histoire d'amour vacances...

Toc, Toc, Toc...

– Qui est là ?

— C'est Ladislas !

— Ladislas qui ?

— Ladislas bonita, and when the samba played...

Toc, Toc, Toc...

– Qui est là ?

— C'est Casey !

— Casey qui ?

— Casey, oh oh Casey, ça passera avec le temps ou quelqu'un d'autre...

Toc, Toc, Toc...

– *Qui est là ?*

— C'est Diouma !

— Diouma qui ?

— Diouma donné la foi qui brûle au fond de moi, j'ai dans le cœur cette force qui guide mes pas...

Toc, Toc, Toc...

– Qui est là ?

— C'est Guy !

— Guy qui ?

— C'est Guy gnole, c'est Guy gnole, avec son chapeau noir, ses gros sourcils et son bâton...

Toc, Toc, Toc...

– Qui est là ?

— C'est Éléonore !

— Éléonore qui ?

— Éléonore, c'était les corons, la terre c'était le charbon, le ciel c'était l'horizon...

Toc, Toc, Toc...

– Qui est là ?

— C'est Barbara !

— Barbara qui ?

— Santa Barbara, qui me dira pourquoi j'ai le mal de vivre ?

Toc, Toc, Toc...

– Qui est là ?

— C'est Alec !

— Alec qui ?

— Alec mon cœur de rocker, j'ai jamais su dire je t'aime...

Toc, Toc, Toc...

– Qui est là ?

— C'est Yann !

— Yann qui ?

— Yann d'la joie, bonjour, bonjour les hirondelles, Yann d'la joie, dans le ciel par-dessus le toit...

Toc, Toc, Toc...

– *Qui est là ?*

— C'est Enora !

— Enora qui ?

— Enora qu'à ouvrir l'espace de ses bras pour tout reconstruire, je l'aime à mourir...

Toc, Toc, Toc...

– Qui est là ?

— C'est Kad !

— Kad qui ?

— Kad et Roussel a trois maisons, qui n'ont ni poutres ni chevrons...

Toc, Toc, Toc...

– Qui est là ?

— C'est Anicée !

— Anicée qui ?

— Anicée aime les sucettes, les sucettes à l'anis...

Toc, Toc, Toc...

– *Qui est là ?*

— C'est Toussaint !

— Toussaint qui ?

— Toussaint n'vaut pas un clair de lune à Maubeuge, Toussaint n'vaut pas le doux soleil de Tourcoing...

Toc, Toc, Toc...

– Qui est là ?

— C'est Vivien !

— Vivien qui ?

— Vivien à la maison, y'a le printemps qui chante... Vivien à la maison, tous les oiseaux t'attendent...

Toc, Toc, Toc...

– Qui est là ?

— C'est John !

— John qui ?

— John demoiselle recherche un mec mortel, un mec qui pourrait me donner des ailes...

Toc, Toc, Toc...

– Qui est là ?

— C'est Adel !

— Adel qui ?

— Adel de Cadix a les yeux de velours, Adel de Cadix vous invite à l'amour...

Toc, Toc, Toc...

– Qui est là ?

— C'est Francisco !

— Francisco qui ?

— San Francisco, où êtes-vous, Lizard et Luc, Psylvia, attendez-moi.

Toc, Toc, Toc...

– Qui est là ?

— C'est Jimmy !

— Jimmy qui ?

— Jimmy de l'ordre dans mes cheveux, un peu plus de noir sur mes yeux, ça l'a fait rire...

Toc, Toc, Toc...

– Qui est là ?

— C'est Rebecca !

— Rebecca qui ?

— Rebecca sine, c'est ma cousine, Rebecca sine, on est voisines...

Toc, Toc, Toc...

– Qui est là ?

— C'est Jade !

— Jade qui ?

— Jade orrrrrr, regarder danser les gens, ah j'y retourne souvent, au bar du Louxor...

Toc, Toc, Toc...

– Qui est là ?

— C'est Martin !

— Martin qui ?

— Ce Martin, un lapin a tué un chasseur, c'était un lapin qui avait un fusil...

Toc, Toc, Toc...

– *Qui est là ?*

— C'est Jean-Louis !

— Jean-Louis qui ?

— Jean-Louis dirait les mots bleus, les mots qu'on dit avec les yeux...

Toc, Toc, Toc...

– *Qui est là ?*

— C'est Côme !

— Côme qui ?

— Côme as you are, as you were, as I want you to be...

Toc, Toc, Toc...

– Qui est là ?

— C'est Yoël !

— Yoël qui ?

— Petit papa Yoël, quand tu descendras du ciel...

Toc, Toc, Toc...

– Qui est là ?

— C'est Ulysse !

— Ulysse qui ?

— Ulysse mes mains sur mes hanches, ne fais pas ces yeux furibonds, oui, tu l'auras ta revanche...

Toc, Toc, Toc...

– Qui est là ?

— C'est Xavier !

— Xavier qui ?

— Xavier vous planter des choux, à la mode, à la mode, Xavier vous planter des choux, à la mode de chez nous...

Toc, Toc, Toc...

– Qui est là ?

— C'est Saul !

— Saul qui ?

— Celui qui n'a jamais été Saul, au moins une fois dans sa vie...

Toc, Toc, Toc...

– Qui est là ?

— C'est Rose !

— Rose qui ?

— Rose, Rose, redonne à ta vie sa vraie valeur, Rose...

Toc, Toc, Toc...

– Qui est là ?

— C'est Nathan !

— Nathan qui ?

— Quand nous chanterons Nathan des cerises, et gai rossignol, et merle moqueur...

Toc, Toc, Toc...

– Qui est là ?

— C'est Laure !

— Laure qui ?

— Ah Laure, regarde, regarde un peu. Je vais pas me taire parce que t'as mal aux yeux...

Toc, Toc, Toc...

– *Qui est là ?*

— C'est Johnny !

— Johnny qui ?

— Oh, oh, oh, Johnny poupée, sur mon doigt coupé, oh, oh, oh, Johnny poupée tu me fais chanter...

Toc, Toc, Toc...

– Qui est là ?

— C'est Martin !

— Martin qui ?

— C'était un petit Martin, qui sentait bon le Métropolitain, qui sentait bon le bassin parisien...

Toc, Toc, Toc...

– Qui est là ?

— C'est Éloi !

— Éloi qui ?

— Éloi, Éloi, Éloi, avec mes manies et mes tics, dans mon petit lit en plumes d'oie...

Toc, Toc, Toc...

– Qui est là ?

— C'est Émile !

— Émile qui ?

— Émile colombes, à tous les soleils levants, donnez-nous Émile colombes et des millions d'hirondelles...

Toc, Toc, Toc...

– Qui est là ?

— C'est Mademoiselle !

— Mademoiselle qui ?

— Mademoiselle chante le blues, soyez pas trop jalouses, Mademoiselle boit du rouge, Mademoiselle chante le blues...

Toc, Toc, Toc...

– Qui est là ?

— C'est Mous !

— Mous qui ?

— Mous étions jeunes et larges d'épaules, bandits joyeux, insolents et drôles... On the road again...

Toc, Toc, Toc...

– Qui est là ?

— C'est Davy !

— Davy qui ?

— In the Davy, yes, you can sail the seven seas, in the Davy...

Toc, Toc, Toc...

– Qui est là ?

— C'est Avit !

— Avit qui ?

— À l'Avit à l'amour, à nos nuits, à nos jours, à l'éternel retour de la chance...

Toc, Toc, Toc...

– Qui est là ?

— C'est Sanson !

— Sanson qui ?

— Sanson vieux pardessus râpé, il s'en allait, l'hiver, l'été, dans le petit matin frileux, mon vieux...

Toc, Toc, Toc...

– *Qui est là ?*

— C'est Martine !

— Martine qui ?

— Martine atin, l'empereur, sa femme et le p'tit prince sont venus chez moi, pour me serrer la pince.

Toc, Toc, Toc...

– *Qui est là ?*

— C'est France !

— France qui ?

— Douce France, cher pays de mon enfance, bercée de tendre insouciance...

Toc, Toc, Toc...

– *Qui est là ?*

— C'est Moi !

— Moi qui ?

— Moi, dans la maison vide, dans la chambre vide, je passe l'été à écouter...

Toc, Toc, Toc...

– *Qui est là ?*

— C'est Fessal !

— Fessal qui ?

— Fessal à mer, j'aurais dû grandir, face contre terre, j'aurai pu mourir...

Toc, Toc, Toc...

– *Qui est là ?*

— C'est Jésus, Rita et Dolorès !

— Jésus, Rita et Dolorès qui ?

— Jésus, Rita et Dolorès et dans le verbe et dans le geste. Vos saisons sont devenues miennes mais ma musique est italienne...

Toc, Toc, Toc...

– Qui est là ?

— C'est Arthur !

— Arthur qui ?

— Arthur, verras, tu verras, tout recommencera, tu verras, tu verras...

Toc, Toc, Toc...

– Qui est là ?

— C'est Estelle !

— Estelle qui ?

— Estelle la dernière séquence, Estelle la dernière séance, et le rideau sur l'écran est tombé...

Toc, Toc, Toc...

– Qui est là ?

— C'est Marguerite !

— Marguerite qui ?

— Marguerite entreprise, connaît pas la crise, épanouie elle exhibe des trésors satinés dorés à souhait...

Toc, Toc, Toc...

– Qui est là ?

— C'est Cyril !

— Cyril qui ?

— Cyril li pimpon sur le chihuahua, Cyril li pimpon avec la tête avec les bras...

Toc, Toc, Toc...

– Qui est là ?

— C'est Seth !

— Seth qui ?

— Seth année-là, je chantais pour la première fois...

Toc, Toc, Toc...

– Qui est là ?

— C'est Sarah !

— Sarah qui ?

— Que Sarah, Sarah, whatever will be, will be...

Toc, Toc, Toc...

– Qui est là ?

— C'est Émile et Louis !

— Émile et Louis qui ?

— Je m'appelle Émile Louis Jolie, je voudrais partir avec vous tout au bout du ciel, sur vos ailes...